RODRIGO LUIS

GUAJAJARA
Sônia Guajajara

1ª edição – Campinas, 2022

"A ancestralidade sempre ensinou que o sentido da vida é o coletivo."
(Sônia Guajajara)

Antes da chegada dos portugueses em 1500, milhões de pessoas viviam nas terras que viriam a ser chamadas de Brasil. Eram diversos povos indígenas, cada um com sua tradição e sua cultura.

O processo de colonização, com a implantação violenta da cultura portuguesa, fez com que a comunidade indígena fosse devastada. Milhões de indígenas morreram e muitas culturas particulares se perderam para sempre.

Hoje vivem no Brasil cerca de 900 mil indígenas, grande parte morando em territórios indígenas. Foi preciso muita luta para que o governo reconhecesse o direito de os povos originários habitarem suas terras.

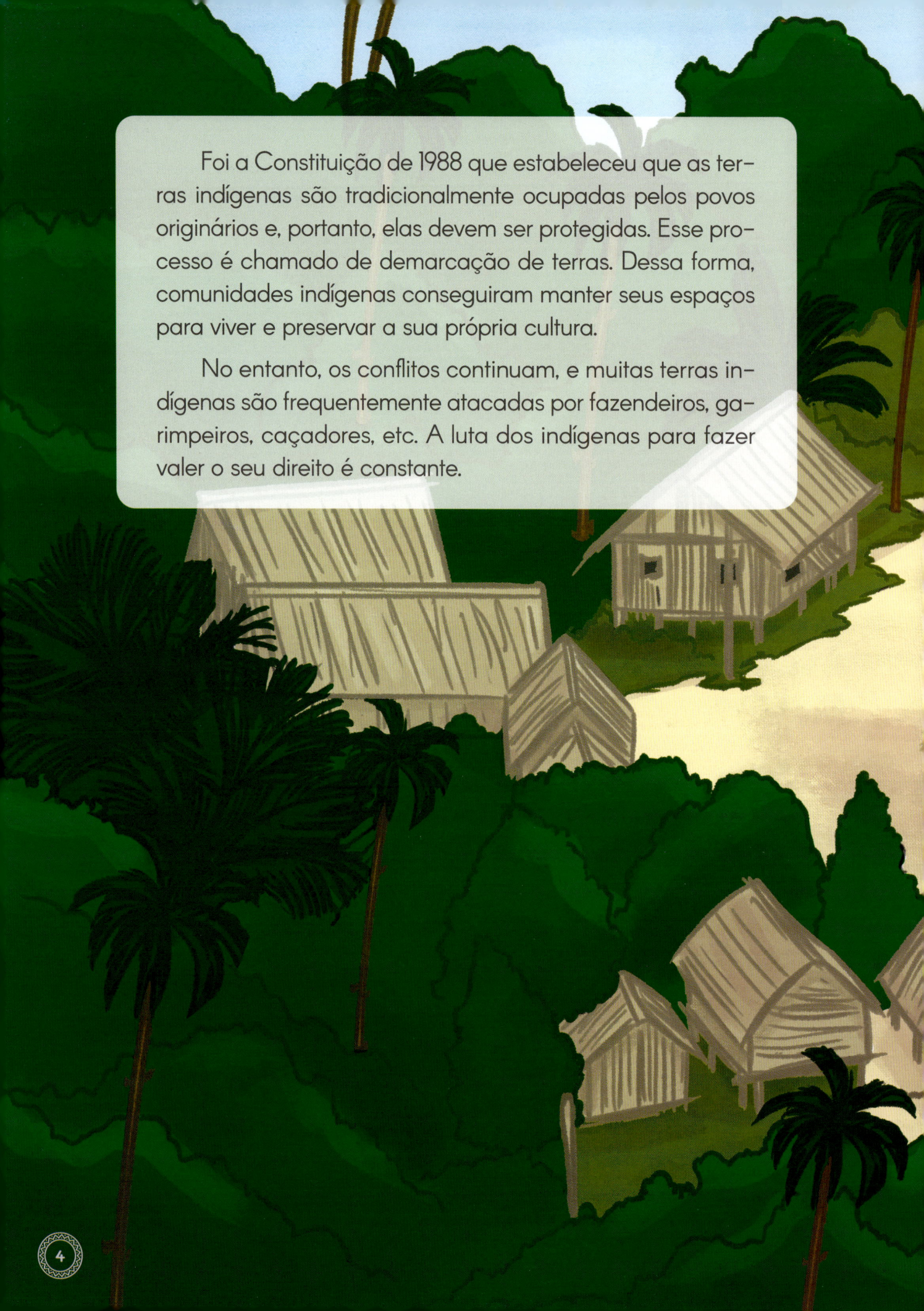

Foi a Constituição de 1988 que estabeleceu que as terras indígenas são tradicionalmente ocupadas pelos povos originários e, portanto, elas devem ser protegidas. Esse processo é chamado de demarcação de terras. Dessa forma, comunidades indígenas conseguiram manter seus espaços para viver e preservar a sua própria cultura.

No entanto, os conflitos continuam, e muitas terras indígenas são frequentemente atacadas por fazendeiros, garimpeiros, caçadores, etc. A luta dos indígenas para fazer valer o seu direito é constante.

No Maranhão, estado da região nordeste do país, está localizada a terra indígena de Arariboia, pertinho da Floresta Amazônica. Ela é habitada por três povos diferentes: os Awá Guajá, os Awá Isolados e os Guajajaras. Milhares de pessoas vivem nessa terra indígena. Foi em Arariboia que, em 1974, nasceu Sônia Bone de Souza Silva Santos. Ela ficaria conhecida pelo nome de Sônia Guajajara.

Sônia foi a segunda filha entre oito irmãos e passou a infância ajudando os pais na colheita de arroz, milho e mandioca. Enquanto trabalhava na roça, Sônia tinha certeza de que não faria aquilo para sempre. Ela queria sair pelo mundo para ajudar o seu povo.

Os pais eram analfabetos, mas isso não impediu que a menina encontrasse oportunidades de aprender. Com apenas 10 anos, ela reuniu coragem e saiu de casa para estudar.

A pequena e corajosa indígena precisou trabalhar como babá e empregada doméstica em diversas casas para que pudesse garantir sua moradia.

Aos 15 anos, Sônia, com a ajuda da Fundação Nacional do Índio (Funai), deixou o Maranhão para ir estudar o Ensino Médio num colégio interno em Minas Gerais. A jovem permaneceu no estado mineiro por três anos, completou o Ensino Médio e também cursou os anos de Magistério.

Em 1992, Sônia retornou para sua terra natal. Ela ingressou na Universidade Estadual do Maranhão e se formou em Letras, além de se tornar técnica de Enfermagem. Nesse período, a jovem indígena já começava a se destacar e atuou dentro das aldeias num projeto de Monitoria de Educação e Saúde. Sônia deu aulas para falar sobre diversos assuntos importantes para a comunidade indígena, como o prejuízo do consumo do álcool e as medidas preventivas de saúde.

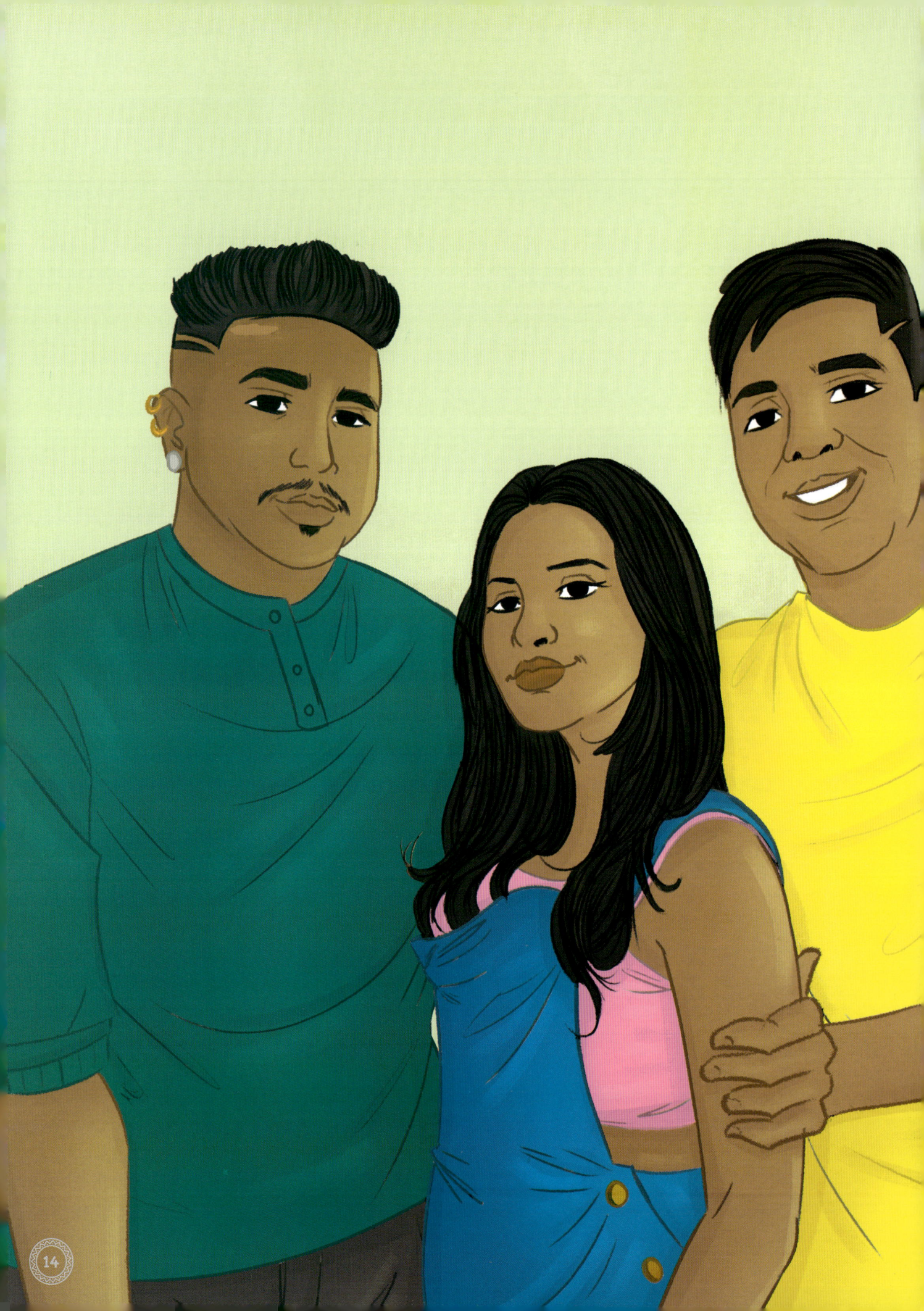

Em 1996, Sônia se casou com Lindomar, com quem teria quatro filhos: Mahkai, Yaponã, Y'wara e Itaniara, que morreu com apenas 2 anos devido a uma epidemia de hepatite que atingiu a aldeia em 1998. Na época, as vacinas ainda não haviam chegado até lá.

Mantendo-se como uma importante referência e divulgadora de conhecimento em sua comunidade, Sônia atuou na linha de frente de discussões sobre cultura e costumes indígenas. Assim, enquanto discutia o feminismo a partir de uma perspectiva indígena, ela continuou seus estudos e desenvolveu uma tese de Mestrado na Universidade Estadual do Maranhão, na área da Educação Especial.

Sônia queria entender cada vez mais como a sociedade funcionava para lutar contra as injustiças e o preconceito. Ela foi ocupando espaços até que, em 2001, participou do Encontro Nacional dos Povos Indígenas.

Ali, conversando com indígenas do país inteiro, Sônia percebeu que a lei garantia aos indígenas o direito ao território, mas eles continuavam sofrendo ataques violentos de pessoas que queriam suas terras para explorar a madeira das árvores, garimpar o ouro e caçar animais em perigo de extinção.

Inteligente e determinada, Sônia decidiu que sua missão seria lutar contra a violência que tinha começado havia mais de 500 anos com a morte de muitos indígenas.

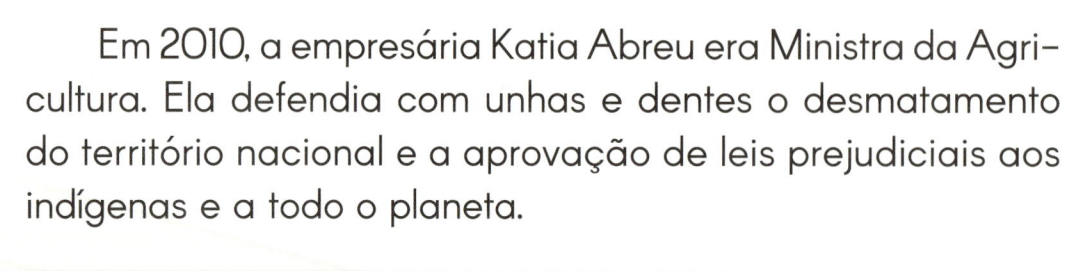

Em 2010, a empresária Katia Abreu era Ministra da Agricultura. Ela defendia com unhas e dentes o desmatamento do território nacional e a aprovação de leis prejudiciais aos indígenas e a todo o planeta.

Sônia, na época vice-presidente da Coordenação das Organizações Indígenas da Amazônia Brasileira (COIAB), entregou o prêmio Motosserra de Ouro para a ministra. Era um protesto certeiro, e as imagens do momento rodaram o país, tornando-se um símbolo da luta pela preservação do meio ambiente.

Em 2017, durante a apresentação da cantora Alicia Keys no Rio de Janeiro, Sônia foi convidada a subir no palco. Diante de 100 mil pessoas, vestida com os trajes tradicionais do povo Guajajara, ela discursou: "Os povos indígenas e o meio ambiente estão sendo brutalmente atacados. Não existe plano B. Essa é a mãe de todas as lutas, é a luta pela Mãe Terra".

Depois do evento, Sônia passou a ocupar cada vez mais espaços na mídia. Nas eleições de 2018, ela foi candidata à vice-presidência do Brasil, sendo a primeira indígena a concorrer ao cargo. A chapa, formada por Sônia e por Guilherme Boulos, líder do Movimento dos Trabalhadores Sem-Teto (MTST), não venceu as eleições, mas foi elogiada por nomes importantes, como o compositor Caetano Veloso.

    A atuação de Sônia vem transformando direta e indiretamente a vida de indígenas e não indígenas no país. Um de seus objetivos é fazer com que as leis sejam cumpridas e não existam apenas no papel, garantindo os direitos dos indígenas. Sônia sonha com um país onde todos tenham igualdade para ser livres e as diferenças sejam respeitadas.

Em 2015, Sônia recebeu a Medalha Honra ao Mérito do governo do estado do Maranhão e também o Prêmio Ordem do Mérito Cultural, entregue pela então presidenta Dilma Roussef.

Em 2022, Sônia foi considerada uma das 100 pessoas mais influentes do mundo.

Na língua dos Guajajara, a palavra *tàpuz* significa "casa", isto é, o lugar em que as pessoas vivem com aqueles que amam. Nesse sentido, a existência de Sônia e a importância de seus discursos nos mostra como a cultura indígena compõe e deveria compor ainda mais a realidade do nosso Brasil. Afinal, é preciso compreender que a nossa *tàpuz* é, e sempre foi, nossa *ywy*, que significa "terra".

Mulher, indígena, nordestina, Sônia Guajajara segue em frente como uma das maiores vozes na defesa dos povos originários e do meio ambiente.

Querido leitor,

A editora MOSTARDA é a concretização de um sonho. Fazemos parte da segunda geração de uma família dedicada aos livros. A escolha do nome da editora tem origem no que a semente da mostarda representa: é a menor semente da cadeia dos grãos, mas se transforma na maior de todas as hortaliças. Assim, nossa meta é fazer da editora uma grande e importante difusora do livro, e que nessa trajetória possamos mudar a vida das pessoas. Esse é o nosso ideal.

As primeiras obras da editora MOSTARDA chegam com a coleção BLACK POWER, nome do movimento pelos direitos do povo negro ocorrido nos EUA nas décadas de 1960 e 1970, luta que, infelizmente, ainda é necessária nos dias de hoje em diversos países.

Acreditando no poder dos livros como força transformadora, as coleções BLACK POWER e KARIRI apresentam biografias de personalidades negras e indígenas que são exemplos para as novas gerações. As histórias mostram que esses grandes intelectuais fizeram e fazem a diferença.

Os autores das coleções, todos ligados às áreas da educação e das letras, pesquisaram os fatos históricos para criar textos inspiradores e de leitura prazerosa. Seguindo o ideal da editora, acreditam que o conhecimento é capaz de desconstruir preconceitos e abrir as portas do pensamento rumo a uma sociedade mais justa.

Pedro Mezette
CEO Founder
Editora Mostarda

EDITORA MOSTARDA
www.editoramostarda.com.br
Instagram: @editoramostarda

© Rodrigo Luis, 2022

Direção:	Pedro Mezette
Coordenação:	Andressa Maltese
Produção:	A&A Studio de Criação
Texto:	Francisco Lima Neto
	Mario Aranha
	Orlando Nilha
	Rodrigo Luis
Revisão:	Elisandra Pereira
	Marcelo Montoza
	Nilce Bechara
Diagramação:	Ione Santana
Ilustração:	Eduardo Vetillo
	Henrique HEO
	Henrique S. Pereira
	Kako Rodrigues
	Leonardo Malavazzi

Dados Internacionais de Catalogação na Publicação (CIP)
(Câmara Brasileira do Livro, SP, Brasil)

```
Luis, Rodrigo
   Guajajara : Sônia Guajajara / Rodrigo Luis. --
1. ed. -- Campinas, SP : Editora Mostarda, 2022.

   ISBN 978-65-88183-77-9

   1. Biografia - Literatura infantojuvenil
2. Guajajara, Sônia 3. Indígenas da América do Sul -
Brasil I. Título.

22-115259                                CDD-028.5
```

Índices para catálogo sistemático:

1. Biografia : Literatura infantil   028.5
2. Biografia : Literatura infantojuvenil   028.5

Eliete Marques da Silva - Bibliotecária - CRB-8/9380

Nota: Os profissionais que trabalharam neste livro pesquisaram e compararam diversas fontes numa tentativa de retratar os fatos como eles aconteceram na vida real. Ainda assim, trata-se de uma versão adaptada para o público infantojuvenil que se atém aos eventos e personagens principais.